Falsa Seguridad

Falsa Seguridad

B. Vincent

CONTENTS

First Printing, 2025

Introducción

¿Quién no querría un poco más de seguridad con sus fondos de inversión? Ya sea un pago multimillonario o $5 en Dogecoin, todos buscamos tranquilidad financiera. Sin embargo, cuando se trata de inversiones pasivas, esa sensación de seguridad puede ser más esquiva de lo que creemos. El verdadero costo de mantener una parte de la cartera en efectivo puede ser difícil de discernir durante las subidas del mercado. Aun así, el precio de perder oportunidades puede ser más corrosivo de lo que se piensa, incluso cuando los riesgos a corto plazo parecen bajos. Es evidente que el fin lógico de todo proceso de inversión es, sin duda, una inversión; invertimos para construir un futuro.

La trampa de la complacencia

Desafortunadamente, muchos inversores caen en la trampa de la complacencia, asumiendo que el buen rendimiento pasado de una inversión pasiva predice el éxito futuro. Esta creencia se extiende no solo al rendimiento general del mercado, sino también a la viabilidad de las inversiones pasivas en empresas individuales. Devaluar la inversión pasiva como una estrategia poco sofisticada simplifica excesivamente el asunto. No todas las empresas con foso amplio son necesariamente buenas inversiones con sus capitalizaciones bursátiles actuales.

El auge de los comerciantes minoristas

Desde finales de 2019, las principales casas de bolsa sin comisiones han documentado un ritmo acelerado de captación neta de nuevos clientes. Este aumento ha generado una inquietante desconexión entre los inversores minoristas, peligrosamente ingenuos, que creen estar empleando "estrategias de inversión pasivas" y los fundamentos que realmente las hacen acertadas.

Guardianes y estrategias pasivas

Podría beneficiar a los guardianes que reciben aumentos de comisiones para acomodar todas las entradas gestionadas pasivamente, de forma similar a preferir un barco que rema solo. Una estrategia pasiva implica posicionar el capital en un paquete rentable de todas las empresas que cotizan en bolsa del mundo, lo que ofrece una ilusión de seguridad que podría no resistir un escrutinio riguroso.

Una inmersión más profunda

En este libro, profundizaremos en los conceptos erróneos y las dificultades de la inversión pasiva. Exploraremos cómo estrategias aparentemente seguras a veces pueden llevar a perder oportunidades y a pasar por alto riesgos. Al examinar los matices del panorama de la inversión, descubriremos por qué un enfoque más activo e informado puede ser necesario para asegurar realmente su futuro financiero.

1

Entendiendo las inversiones pasivas

Una inversión pasiva es un método para generar ingresos mediante estrategias de inversión que requieren una mínima intervención del inversor. Estas estrategias implican la compra de inversiones diseñadas para mantenerse a largo plazo, con el objetivo de maximizar la rentabilidad sin necesidad de operar con frecuencia. A diferencia de los operadores intradía o los inversores que se guían por las noticias, los inversores pasivos adoptan un enfoque de "comprar y mantener", lo que permite que sus inversiones crezcan con el tiempo. Esta estrategia está estrechamente relacionada con los inversores indexados, que buscan la rentabilidad del mercado sin inflar los costes de inversión.

Tipos de enfoques de inversión pasiva

Existen varios enfoques de inversión pasiva, entre ellos:

- **ETF/Fondos de índice** : fondos que siguen índices de mercado y ofrecen una amplia exposición al mercado.
- **Fondos Sectoriales** : Enfocados en sectores industriales específicos.
- **Fondos de índice de capitalización de mercado** : inversiones basadas en la capitalización de mercado de las empresas.

- **Fondos de Dividendos** : Inversiones en empresas que pagan dividendos regulares.
- **Fondos balanceados** : una combinación de acciones y bonos para equilibrar el riesgo y el rendimiento.
- **Fondos de ciclo de vida** : diseñados para ajustar la combinación de activos a medida que el inversor se acerca a la jubilación.
- **Fondos ESG e ISR** : Inversiones que consideran criterios ambientales, sociales y de gobernanza.
- **Fondos Globales** : Inversiones en mercados internacionales.
- **Fondos de Ingresos** : Enfocados en generar ingresos regulares para los inversionistas.

Beneficios de las inversiones pasivas

- **Costos bajos** : tarifas y costos de transacción reducidos.
- **Ganancias consistentes a largo plazo** : rendimientos constantes durante un período prolongado.
- **Exposición general al mercado** : amplia diversificación en el mercado.
- **Riesgo bajo** : volatilidad reducida en comparación con el trading activo.
- **Facilidad de operación** : Simplicidad en la gestión de inversiones.

Desventajas de las inversiones pasivas

- **No "Vencer al sistema"** : Incapacidad de superar al mercado mediante estrategias de corto plazo.
- **Rendimiento dependiente del mercado** : confianza en las tendencias generales del mercado.

- **Potencial de rendimientos amplificados** : mayor riesgo de concentración si muchos inversores siguen la misma estrategia.
- **Riesgos de liquidez** : posibilidad de que surjan problemas de liquidez durante las caídas del mercado.

Definición y tipos

En un nivel inicial, las conversaciones sobre inversión suelen girar en torno a dos tipos principales: pasivos y activos. Muchos inversores modernos, incluyendo aquellos en criptomonedas y opciones sobre acciones, incorporan inversiones pasivas a sus carteras. Estas inversiones se caracterizan por una contribución diaria mínima una vez adquiridas, centrándose en el rendimiento histórico en lugar de en la rentabilidad futura potencial.

Inversiones activas : Por el contrario, las inversiones activas implican una selección deliberada y una negociación frecuente basada en las perspectivas de rendimiento. Este enfoque busca superar la media del mercado mediante compras y ventas estratégicas.

Beneficios y desventajas

Las inversiones pasivas ofrecen ventajas significativas, pero también presentan ciertas desventajas. Aprovechan el impulso del mercado con menos transacciones, a menudo denominadas "operaciones iniciales" por los economistas Eduardo Dávila y Cecilia Parlatore. Sin embargo, una alta participación en el mercado de las estrategias pasivas puede reducir la diversidad y amplificar la rentabilidad, lo que puede generar pérdidas de valor y problemas de liquidez durante los rebalanceos periódicos.

Ventajas :

- Bajos costos de transacción.
- Crecimiento constante y a largo plazo.

- Amplia exposición al mercado.
- Sencillez y facilidad de gestión.

Desventajas :

- Incapacidad de superar al mercado.
- Dependencia del desempeño del mercado.
- Riesgo de reducción de la diversidad.
- Posibles problemas de liquidez.

En conclusión

Comprender la dinámica de las inversiones pasivas es crucial para cualquier inversor. Si bien ofrecen simplicidad y ganancias a largo plazo, es fundamental conocer sus limitaciones y posibles riesgos. Al reconocer las ventajas y desventajas, los inversores pueden tomar decisiones informadas que se ajusten a sus objetivos financieros.

2

El auge de la inversión pasiva

El origen de la inversión pasiva, tal como la conocemos, se remonta a mediados de la década de 1970, cuando surgió como una alternativa a la gestión activa tradicional. Rápidamente captó el interés de académicos e inversores particulares que se mostraban escépticos sobre la capacidad de los gestores de fondos profesionales para generar rentabilidades superiores. Si bien los métodos de inversión pasiva ya existían en décadas anteriores, las versiones modernas de la cartera pasiva y el fondo mutuo indexado no aparecieron hasta 1975 y 1976, respectivamente.

Contexto histórico y factores clave

El abandono de la inversión activa se debió al bajo rendimiento, constante y visible, de las acciones y bonos individuales en comparación con los índices de referencia del mercado diversificado. Los inversores comenzaron a darse cuenta de que los fondos de gestión activa a menudo no superaban al mercado, lo que convertía la inversión pasiva en una alternativa atractiva.

Dos factores principales permitieron que la inversión pasiva ganara popularidad:

1. **Desarrollo de la base accionaria** : La expansión de la base accionaria del país facilitó a los inversores particulares la adquisi-

ción de acciones. Antes de los años 70 y principios de los 80, solo las familias muy adineradas, los fondos de inversión y los fondos de pensiones podían invertir en el mercado de valores. La democratización de la propiedad de acciones fue fundamental para popularizar la inversión pasiva.

2. **Disminución de la ventaja informativa** : La ventaja informativa de los gestores activos disminuyó debido a una serie de iniciativas desregulatorias, como la Ley de Sociedades de Inversión de 1940. Esta legislación pretendía evitar otro desplome bursátil, pero también dio lugar a una industria de inversión oligopólica con una necesidad limitada de asesoramiento en materia de inversión más allá del que las empresas podían ofrecer. La disminución de la ventaja informativa de los gestores activos hizo que la inversión pasiva fuera más atractiva para los inversores.

El fin de la era de los "Nifty Fifty"

El auge de la inversión pasiva coincidió con el fin del auge de las "Nifty Fifty". Entre 1973 y 1974, en su apogeo, los inversores especularon intensamente con un puñado de acciones de "una sola decisión": empresas consideradas tan sólidas que se consideraban inversiones para comprar y mantener indefinidamente. Sin embargo, la sobrevaloración de estas acciones, algunas con ratios precio-beneficio superiores a la regla de los diez años propuesta por Francis Schaeffer, puso de manifiesto los riesgos de la selección activa de acciones y reforzó el atractivo de la inversión pasiva.

Transición a estrategias pasivas modernas

La transición a las estrategias pasivas modernas marcó un cambio significativo en la filosofía de inversión. Los fondos mutuos indexados, introducidos a mediados de la década de 1970, permitieron a los inversores igualar el rendimiento de los índices de mercado en lugar de intentar superarlos. Este enfoque proporcionó una forma rentable de lograr una amplia exposición al mercado y minimizar los riesgos asociados a la gestión activa.

Impacto en la industria de la inversión

El auge de la inversión pasiva transformó la industria de la inversión, generando mayor transparencia y menores costos para los inversores. A medida que más personas adoptaron estrategias pasivas, la demanda de fondos indexados y fondos cotizados en bolsa (ETF) se disparó, consolidando aún más el dominio de la inversión pasiva en los mercados financieros.

En conclusión

Comprender el auge de la inversión pasiva proporciona información valiosa sobre la evolución de las estrategias de inversión. La transición de la gestión activa a la pasiva se vio impulsada por la necesidad de obtener rentabilidades consistentes, rentabilidad y un mayor acceso al mercado. Al reconocer el contexto histórico y los factores clave, los inversores pueden apreciar las ventajas y limitaciones de la inversión pasiva en el panorama financiero actual.

3

Conceptos erróneos comunes

A pesar de la creciente popularidad de los vehículos de inversión pasiva, como los fondos indexados y los ETF, algunos inversores se muestran escépticos sobre su eficacia en comparación con la gestión activa. Quienes critican la inversión pasiva suelen argumentar en contra, destacando sus limitaciones percibidas y comparándola con las estrategias "activas". Abordemos algunos de estos conceptos erróneos comunes.

Mito 1: La inversión pasiva no tiene sentido

Un argumento frecuente contra la inversión pasiva es la idea de que no es necesario pagar a alguien para que simplemente invierta dinero en el índice S&P 500. Esta perspectiva simplifica excesivamente el valor de la inversión pasiva. La realidad es que el índice S&P 500 ha proporcionado consistentemente una forma fiable de capturar el excelente rendimiento económico del mercado estadounidense con un riesgo relativamente bajo.

Concepto erróneo 2: Las oportunidades activas son superiores

Otro error común es que la inversión pasiva impide a los inversores acceder a los valores más atractivos e innovadores. Los críticos suelen defender las oportunidades activas, sugiriendo que ofrecen mejores rendimientos. Sin embargo, esto ignora el rendimiento constante de las inversiones pasivas a lo largo del tiempo. Si bien las inversiones activas pueden, en ocasiones, obtener mejores resultados, a menudo lo hacen a costa de un mayor riesgo y comisiones.

La realidad del desempeño del mercado

Comprender la historia del rendimiento del mercado bursátil en EE. UU. revela lo absurdo de estas ideas erróneas. El índice S&P 500, por ejemplo, ha demostrado resiliencia y crecimiento a pesar de las crisis económicas. Durante la Gran Recesión de 2008, el índice cayó alrededor de un 40 %, pero se recuperó al año siguiente, lo que pone de relieve su estabilidad a largo plazo. Las acciones son inherentemente volátiles debido a la oferta y la demanda, las condiciones económicas y los eventos impredecibles. Esta volatilidad es un aspecto natural de la inversión, independientemente de la estrategia.

La consistencia de la inversión pasiva

La inversión pasiva se centra en el crecimiento a largo plazo y la exposición al mercado sin necesidad de operar con frecuencia. Este enfoque minimiza los costes y reduce los riesgos asociados a la gestión activa. El rendimiento de las inversiones pasivas, como el índice S&P 500, demuestra su capacidad para generar rentabilidades constantes a lo largo del tiempo. A pesar de las fluctuaciones del mercado, la tendencia general ha sido alcista, lo que convierte a la inversión pasiva en una estrategia viable para muchos inversores.

Perspectivas económicas

Conceptos económicos complejos explican por qué estas ideas erróneas son engañosas. La inversión pasiva ofrece una amplia exposición al mercado, bajos costes y un riesgo reducido, atributos atractivos para muchos inversores. Los beneficios a largo plazo de las estrategias pasivas superan el atractivo a corto plazo de la inversión activa, especialmente al considerar datos históricos de rendimiento.

En conclusión

Abordar estos conceptos erróneos comunes es crucial para comprender el verdadero valor de la inversión pasiva. Si bien las estrategias activas pueden parecer atractivas, el rendimiento constante, los bajos costos y el menor riesgo asociados con las inversiones pasivas las convierten en una sólida opción para el crecimiento financiero a largo plazo. Al reconocer las realidades del rendimiento del mercado y los beneficios de las estrategias pasivas, los inversores pueden tomar decisiones más informadas sobre su futuro financiero.

4

Factores de riesgo en las inversiones pasivas

Debido a la gran cantidad de posibles inversiones pasivas, los índices que siguen cambian constantemente, lo que contribuye a la volatilidad del mercado. A medida que la economía evoluciona, los fondos deben comprar nuevos activos y vender otros para mantenerse en sintonía con el índice actualizado. Por ejemplo, en 2021, Tesla ascendió rápidamente hasta convertirse en una de las empresas más valiosas del S&P 500. Este rápido ascenso provocó la entrada de muchos inversores, lo que provocó una sobrevaloración de las acciones. En consecuencia, las acciones de Tesla comenzaron a cotizar de forma lateral hasta que finalmente fue eliminada del índice. Este escenario pone de relieve cómo los cambios en la composición del índice pueden provocar una sobrevaloración y posteriores correcciones de precios.

Estrategias de inversión técnica

Las estrategias de inversión técnica suelen basarse en datos históricos de precios para identificar posibles puntos de compra y venta. Las inversiones pasivas suelen comprar acciones cuando se incorporan a un índice y venderlas cuando se eliminan. Este enfoque puede resultar en una menor demanda por parte de los inversores minoristas y una menor liquidez entre estos eventos, lo que podría acentuar cualquier tendencia bajista.

Falta de gestión activa

Los fondos pasivos no cuentan con un gestor activo que pueda responder a caídas significativas en los precios de los valores invirtiendo activamente en activos que se espera que superen el rendimiento del mercado. En cambio, están programados para comprar y mantener los valores de su índice. Un ejemplo notable de esto se produjo durante la ola de ventas del mercado en marzo de 2020. La magnitud y la velocidad de la ola de ventas provocaron que algunos fondos pasivos congelaran los reembolsos, lo que impidió que los inversores vendieran por pánico. Otros fondos experimentaron errores de seguimiento significativos, ya que la caída del valor de algunos valores impuso restricciones a la obtención de nuevos préstamos. Esto los obligó a vender otras inversiones para cubrir los reembolsos, lo que afectó aún más al valor de las acciones que aún cotizaban en el fondo.

Volatilidad del mercado

Uno de los principales riesgos asociados a las inversiones pasivas es la volatilidad del mercado. Los vehículos de inversión pasiva imitan fielmente el índice de mercado que replican. Si dicho índice subyacente fluctúa considerablemente, el valor de la inversión también lo hace. Los datos históricos muestran que la volatilidad del mercado es la regla, no la excepción. Por ejemplo, entre mediados de 2007 y 2009, el S&P 500 experimentó una drástica pérdida de casi el 50 %. Esta volatilidad no solo provocó pérdidas sustanciales en dólares sobre el valor de las inversiones, sino también una disminución significativa de los posibles ingresos por dividendos. Muchos inversores vendieron acciones para frenar sus pérdidas, sin percatarse de que quienes vendieron cuando los precios de las acciones estaban en su nivel más bajo fueron los que más perdieron. Este comportamiento reaccionario se conoce como "comprar caro y vender barato", un camino seguro hacia pérdidas en las inversiones.

En efecto, el inversor pasivo ha optado por un fondo de "asignación de activos" con una estrategia ciega de "comprar y mantener". Cuando una caída del valor de la cartera y de los ingresos por dividendos se combina con una estructura de inversión poco diversificada (es decir, una parte sustancial de los ahorros se concentra en una sola clase de activos), la posibilidad de jubilarse a los 60 años podría verse comprometida. La concentración excesiva y la falta de diversificación propician el desastre ante imprevistos futuros y llevan a la mayoría de los inversores a vender sus activos debido a su falta de tolerancia a las fluctuaciones del mercado. Prevenir esta reacción requiere una cartera bien diversificada, algo contrario a la doctrina del inversor pasivo.

Falta de gestión activa

Una característica importante de la inversión pasiva es la ausencia de gestión activa, lo que se traduce en unos gastos de gestión significativamente menores. Sin embargo, esto conlleva ciertas desventajas. En lugar de centrarse en la asignación y la gestión activa, un gestor de fondos pasivo se centra únicamente en la cantidad y las características de los activos del índice elegido. No es necesario que la inversión activa modifique la estructura del fondo, lo que podría tener consecuencias negativas asociadas a la gestión pasiva. La cartera del fondo se crea una sola vez al inicio y permanece inalterada hasta el final de su existencia. Sin embargo, un inversor pasivo que observe una caída del valor de mercado puede sentir la necesidad imperiosa de reconsiderar la composición del fondo.

Existen limitaciones para este tipo de operaciones. Los inversores reconocen un fondo pasivo o una sociedad anónima como un mecanismo para replicar la rentabilidad de un índice de referencia seleccionado. La rentabilidad del fondo se gestiona para alinearse con el índice de referencia, minimizando así los errores de seguimiento. Los inversores en estos fondos suelen salir tras un período de rentabilidad baja o negativa. Por lo tanto, si bien la inversión pasiva implica una mínima inversión activa por parte de los gestores de fondos, puede dar lugar a una inversión activa por parte de los propios inversores. Si un inversor pasivo no está preparado para caídas repentinas de precios y empieza a vender precipitadamente los activos de su cartera, esto podría coincidir con un mínimo del mercado, agravando las pérdidas.

En conclusión

Comprender los factores de riesgo asociados a las inversiones pasivas es crucial para tomar decisiones financieras informadas. La volatilidad del mercado, la ausencia de una gestión activa y las dificultades inherentes al seguimiento de índices pueden afectar el rendimiento de los fondos pasivos. Al reconocer estos riesgos, los inversores pueden comprender mejor las complejidades de la inversión pasiva y desarrollar estrategias para mitigar posibles desventajas.

5

Estudios de casos de fracasos de inversiones pasiv

Caso práctico: Lunes Negro

El desplome bursátil de octubre de 1987, conocido como el Lunes Negro, es un claro ejemplo de los riesgos asociados a las inversiones pasivas. Previo al desplome, el rendimiento del bono del Tesoro estadounidense a 10 años aumentó de forma constante, ya que los inversores reaccionaron ante las perspectivas de una inflación descontrolada y la erosión del poder adquisitivo debido a la debilidad del dólar estadounidense. Esto fue una reacción a la votación del Congreso estadounidense a favor de elevar el techo de la deuda. El frenesí vendedor resultante hizo que el rendimiento de los bonos bajara 120 puntos básicos para el 20 de octubre de 1987. A pesar de las fluctuaciones en varios componentes del mercado, el Promedio Industrial Dow Jones (DJIA) continuó su trayectoria descendente durante toda la semana, culminando en el desplome del Lunes Negro.

El accidente

El 19 de octubre de 1987, el Dow Jones de India (DJIA) se desplomó un 22,61% en un solo día, una caída catastrófica que sorprendió a muchos inversores. Quienes habían invertido pasivamente en bonos del Tesoro estadounidense podrían haber creído que habían diversificado suficientemente sus carteras para protegerse de la volatilidad del mercado bursátil. Sin embargo, el llamado "valor refugio" de los bonos del Tesoro estadounidense cayó un 4,66% ese mismo día. Esta inesperada caída del valor de los bonos del Tesoro puso de manifiesto las limitaciones de depender únicamente de estrategias pasivas para la diversificación.

Impacto en los futuros de bonos

Para subrayar la magnitud de la turbulencia financiera, los futuros de bonos a largo plazo cayeron un 9,7 % el Lunes Negro. A pesar de que las bolsas de futuros limitaron inicialmente la fluctuación de los futuros de los bonos del Tesoro estadounidense a 30 años a 2 puntos diarios, la restricción se levantó el 20 de octubre, lo que provocó una caída del 17,7 % en los futuros de bonos a largo plazo en tan solo dos días. La simple anticipación de un mayor diferencial de tipos de interés entre los bonos del Tesoro a largo plazo y los componentes del Dow Jones presionó significativamente a la baja los precios de los bonos del Tesoro, lo que demuestra la interconexión de los componentes del mercado y los desafíos que supone protegerse contra estas fallas generalizadas.

Lecciones aprendidas

La caída del Lunes Negro revela varias lecciones importantes para los inversores que confían en estrategias pasivas:

- **Límites de la diversificación** : Mantener una cartera diversificada de inversiones pasivas no garantiza la seguridad frente a la volatilidad del mercado. La correlación entre diferentes clases de activos puede provocar caídas simultáneas, lo que socava la percepción de seguridad.
- **Interdependencia del mercado** : Los mercados financieros están altamente interconectados, y los eventos que afectan a un sector pueden tener efectos en cascada en otros. Los inver-

sores pasivos deben comprender que los factores económicos externos pueden impactar significativamente sus carteras.

- **Falta de gestión activa** : Las inversiones pasivas carecen de los ajustes proactivos que ofrece la gestión activa. En tiempos de crisis del mercado, la ausencia de un gestor activo que gestione la volatilidad puede generar pérdidas sustanciales.

En conclusión

La crisis del Lunes Negro es un claro recordatorio de los riesgos inherentes a la inversión pasiva. Si bien las estrategias pasivas ofrecen ventajas como menores costes y una amplia exposición al mercado, no son inmunes a los eventos extremos del mercado. Al reconocer estos riesgos y comprender las limitaciones de las estrategias pasivas, los inversores pueden tomar decisiones más informadas y considerar la incorporación de una combinación de gestión pasiva y activa para mitigar posibles inconvenientes.

6

Estrategias para mitigar riesgos en inversiones pa

Los hallazgos de Dylan y Kimberly sugieren que los inversores pueden protegerse de algunos riesgos asociados a las inversiones pasivas diversificando sus carteras en una amplia gama de regiones geográficas e industrias. «Después de todo», escriben, «la principal ventaja de la estrategia de indexación de bajo coste es, sin duda, la diversificación a nivel de cartera que ofrece». La diversificación puede ayudar a reducir las pérdidas cuando determinados mercados o industrias experimentan recesiones, aunque puede conllevar sus propios desafíos.

Complementar las estrategias pasivas con la vigilancia

Para reducir la exposición a la peligrosa dependencia de fluctuaciones bursátiles descontroladas, codiciosas o impulsadas por el pánico, los inversores deberían complementar sus estrategias pasivas con una actitud de vigilancia rigurosa. Estas estrategias fomentan la monitorización, al menos una vez al año, de las condiciones del mercado que sustentan los torneos bursátiles de bajo riesgo creados por la indexación. Las instituciones que anuncian productos pasivos tienen la obligación de garantizar que los inversores monitoreen activamente sus inversiones. Afortunadamente, muchos inversores minoristas ya muestran esta vigilancia, gestionando activamente sus carteras a pesar de mantener acciones "seguras".

Los inversores también pueden imponer su propia disciplina al deshacerse de acciones o fondos completos cuando las circunstancias cambian y optar por nuevas inversiones que rindan mejor en las condiciones actuales. Este enfoque activo puede garantizar que una cartera se reinicie y funcione según los fundamentos actuales.

Diversificación

La diversificación es una herramienta clave para mitigar el riesgo en la inversión, especialmente en los fondos pasivos. Al distribuir las inversiones entre diferentes factores, como regiones geográficas, sectores y clases de activos, los inversores pueden minimizar la exposición al riesgo. Este enfoque reduce la probabilidad de que todas las opciones o activos de inversión se vean afectados negativamente simultáneamente.

Los fondos pasivos suelen replicar los mercados, con índices definidos de diversas maneras (por ejemplo, ponderados por capitalización bursátil). Los inversores individuales, las empresas y las instituciones públicas pueden proteger el valor de sus inversiones incorporando la diversificación a su estrategia general. Cabe destacar que la diversificación no necesariamente aumenta el valor ni previene pérdidas, pero sí aumenta la probabilidad de resultados futuros favorables dadas las diversas condiciones del mercado. Desde una perspectiva de riesgo, la diversificación afecta la estructura de covarianza de la cartera, la distribución de la rentabilidad y la varianza.

Por ejemplo, con 12 sectores industriales definidos por el sistema de Clasificación Industrial Global (GICS) dentro del Russell 1000, un inversor que aplique una estrategia de diversificación con ponderación equitativa tendría aproximadamente el 8,33 % de su cartera expuesta al riesgo en cada sector. Como alternativa, podría invertir más en ciertos sectores, como las tecnologías de la información y la salud, y menos en otros, como el inmobiliario y los bienes de consumo básico.

Monitoreo y reequilibrio periódicos

Incluso sin gestión activa, la monitorización y el reequilibrio periódicos son cruciales para mantener la combinación de activos deseada. Los gestores de fondos pasivos deberían monitorizar cada activo al menos una vez al año para garantizar que la cartera se mantenga alineada con sus objetivos. Con el tiempo, los cambios en las condiciones del mercado pueden provocar que la cartera se desvíe de su asignación original.

Tener un objetivo claro puede indicar cuándo reequilibrar la cartera. Si bien la evolución del mercado puede modificar las ponderaciones deseadas, un inversor podría desear aumentar su exposición a activos en revalorización (por ejemplo, activos reales) mientras gestiona las restricciones regulatorias y las posibles implicaciones fiscales.

El reequilibrio ayuda a mantener el perfil de riesgo de la cartera y garantiza que se mantenga alineado con los objetivos financieros del inversor. Al ajustar periódicamente la asignación de activos, los inversores pueden mitigar el impacto de la volatilidad del mercado y otros factores externos.

En conclusión

Mitigar los riesgos en las inversiones pasivas requiere una combinación de diversificación, seguimiento regular y reequilibrio. Al distribuir las inversiones entre diferentes regiones, sectores y clases de activos, los inversores pueden reducir su exposición a riesgos específicos. Complementar las estrategias pasivas con vigilancia y ajustes periódicos ayuda a mantener la cartera alineada con los objetivos financieros y las condiciones del mercado. Comprender estas estrategias permite a los inversores comprender las complejidades de la inversión pasiva y alcanzar el éxito financiero a largo plazo.

Conclusión

En este ensayo sobre la falsa sensación de seguridad en las inversiones pasivas, he argumentado que, si bien estas inversiones suelen ser elogiadas por su capacidad de brindar a las personas rentabilidades promedio o superiores a la media a bajo coste y alta eficiencia, también presentan varias desventajas significativas que a menudo se pasan por alto. Dos de sus principales desventajas son la creencia errónea en la eficiencia del mercado y la idea errónea de que las recompensas de las inversiones activas no justifican sus costes.

Eficiencia del mercado y riesgo latente

La suposición de que los mercados son perfectamente eficientes y que las inversiones pasivas siempre tendrán un rendimiento superior es fundamentalmente errónea. Los inversores cotidianos a menudo no pueden operar con la frecuencia ni la eficacia que la dinámica del mercado podría sugerir. Esto genera un riesgo latente y, posiblemente, fragilidad en sus carteras. Además, puede generar un desajuste entre la cartera del inversor y su preferencia temporal por el riesgo, lo que podría poner en peligro sus objetivos financieros.

Riesgo moral colectivo

Además, las inversiones pasivas conllevan una forma de riesgo moral colectivo. Si bien los inversores individuales pueden evitar la especulación, el amplio grupo de inversores de un fondo de inversión pasiva no puede escapar de las consecuencias negativas. Este comportamiento colectivo puede generar resultados adversos, como una menor confianza social y un debilitamiento del sentido de comunidad y continuidad. Las amplias implicaciones de depender únicamente de inversiones pasivas pueden socavar la preservación y continuidad de aquello que los inversores aprecian.

Equilibrio entre estrategias activas y pasivas

En conclusión, si bien las inversiones pasivas son ampliamente utilizadas a nivel mundial por diversos inversores individuales y organizaciones, es crucial reconocer los posibles riesgos y las ideas erróneas que conllevan. Un enfoque equilibrado que incorpore estrategias activas y pasivas puede ayudar a mitigar estos riesgos. La gestión activa puede proporcionar los ajustes necesarios durante las fluctuaciones del mercado, mientras que las estrategias pasivas ofrecen rentabilidad y una amplia exposición al mercado. Al ser conscientes de la falsa sensación de seguridad que pueden generar las inversiones pasivas, los inversores pueden tomar decisiones más informadas y asegurar su futuro financiero con mayor eficacia.

Referencias

1. "Propiedad física: Puedes llevártela contigo". Analiza tres métodos principales para invertir en oro: comprar oro físico, comprar acciones de empresas mineras de oro y comprar acciones de un fondo que posea lingotes de oro físico. Cada método tiene sus propias ventajas y desventajas.
2. Encuesta: Se espera que los fondos de inversión que replican índices registren las mayores entradas de capital. Informes sobre tres gestoras de fondos en India (Kotak, IDBI y Gold) que ofrecen ETF que replican índices de base amplia, con ratios de gastos notablemente bajos, del 0,80 %.
3. Plan de pensiones obligatorio de Ontario: Analiza cómo las declaraciones de beneficios, las proyecciones de jubilación y los informes de valor conmutado se basan en las tasas de bonos gubernamentales de bajo riesgo. Destaca las posibles deficiencias en la generación de rentabilidad real para proteger contra la inflación y la longevidad de las anualidades y los Fondos de Renta Vitalicia (LIF).
4. "Robo-Advisors: No tan sencillos ni fáciles como parecen". Analiza cómo los robo-advisors utilizan combinaciones ponderadas por capital de fondos cotizados (ETF) para mantener bajos los costes de negociación y los ratios de gastos de gestión (GER). Destaca la alta correlación en las combinaciones de inversión entre diferentes robo-advisors y el uso común de entre el 3 % y el 5 % de efectivo para mantener estable la asignación estratégica de activos durante la volatilidad de los mercados.

www.ingramcontent.com/pod-product-compliance
Lightning Source LLC
LaVergne TN
LVHW092054051026
849517LV00013B/2665